Dieses Buch gehört:

Ursel Scheffler wollte als Kind Urwaldforscher werden. Sie studierte dann aber doch lieber Sprachen und Literatur. Ihre Magisterarbeit schrieb sie über das Französische Märchen, und ihr Interesse verlagerte sich in Richtung Kinderliteratur. Ursel Scheffler hat über 300 Kinderbücher in deutschen und ausländischen Verlagen veröffentlicht, und es gibt Lizenzausgaben in 30 verschiedenen Sprachen.

Julia Gerigk, 1981 geboren, studierte Kommunikationsdesign mit dem Schwerpunkt Editorial Design und Illustration. Schon während ihrer Studienzeit veröffentlichte sie ihre ersten Kinderbücher. Heute arbeitet sie als freie Grafikerin und Illustratorin. Sie lebt mit ihrer Familie und ihren Tieren in der Nähe von Hamburg.

Ursel Scheffler

Paula auf dem Ponyhof
Das Ponyturnier

Bilder von
Julia Gerigk

Verlag Friedrich Oetinger · Hamburg

Inhalt

1. Die Neue   5

2. Alles „bio"   12

3. Gut gefüttert   16

4. Das Probe-Training   22

5. Das Turnier   30

Rätselwelt   42

Ursel Scheffler

Paula auf dem Ponyhof
Das Ponyturnier

Bilder von
Julia Gerigk

Verlag Friedrich Oetinger · Hamburg

Inhalt

1. Die Neue   5

2. Alles „bio"   12

3. Gut gefüttert   16

4. Das Probe-Training   22

5. Das Turnier   30

Rätselwelt   42

1. Die Neue

Paula und ihre Freundin Sine kommen vom Ausritt zurück. „Kennst du die?", fragt Paula und zeigt auf ein Mädchen vor den Pferdeboxen.

„Nö. Aber das Pony ist klasse!", antwortet Sine.

Das hübsche blonde Mädchen
hat eine schicke Reithose an.
Es unterhält sich mit Jan,
Tante Elfis Sohn.
Er kümmert sich immer
um die neuen Besucher
auf Tante Elfis Ponyhof.

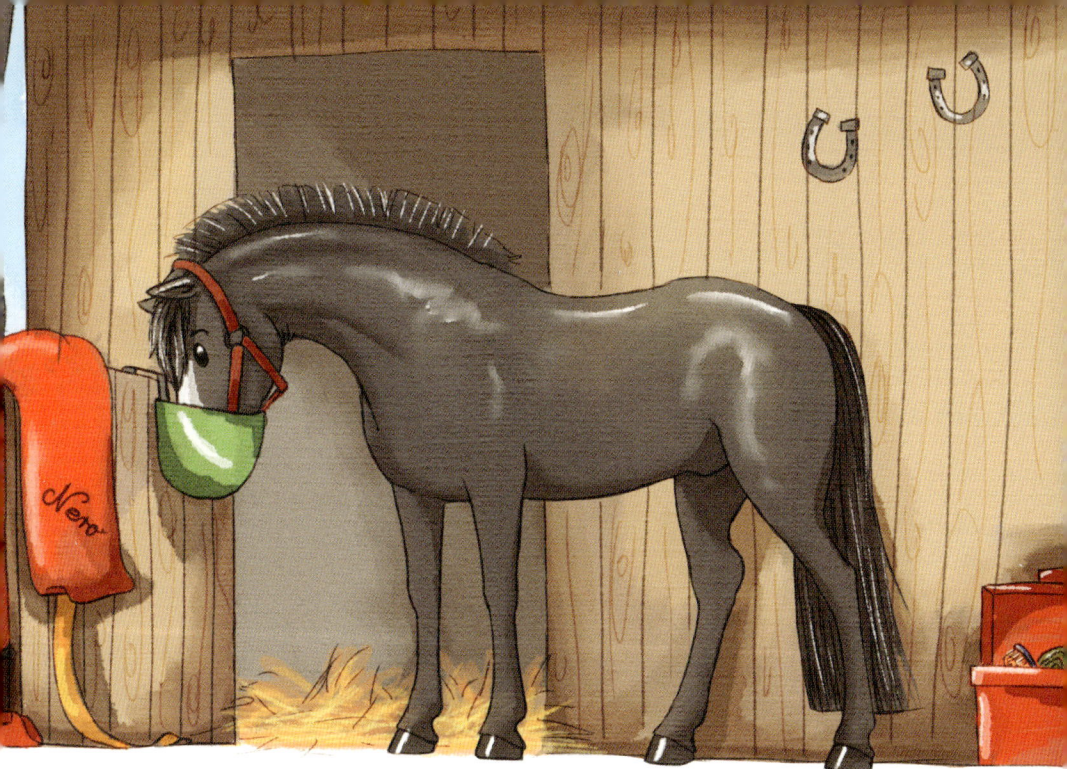

„Wie Jan die Neue anguckt!",
sagt Sine.
Es klingt eifersüchtig!
Paula muss lachen.
Sie weiß,
dass Sine ein bisschen
in Jan verliebt ist.

„Komm, satteln wir ab!",
sagt Paula zu Sine.
Sie führen ihre Ponys
über den Hof zum Stall.

„He, ihr beiden!", ruft Jan.
„Wollt ihr nicht
unsere Neue begrüßen?"
„Welche Neue?", fragt Sine.
Sie tut überrascht.

„Sie heißt Alice
und kommt aus Neustadt",
antwortet Jan.
„Aliiise im Wunderland",
murmelt Sine.

„Mich spricht man Ellis aus",
sagt die Neue zu Sine.
„Das ist englisch."

„Alice und ihr Pony Nero
werden die Ferien
bei uns auf dem Ponyhof
verbringen", erklärt Jan.

„Machst du einen Reitkurs?",
fragt Paula.
„Nein, ich kann schon reiten!",
antwortet Alice.

„Und wie spricht man Nero aus?",
fragt Sine spöttisch.
„Wie man es schreibt",
antwortet Jan und zwinkert
Sine vergnügt zu.

2. Alles „bio"

Die Mädchen versorgen die Pferde
und gehen dann ins Haus.
Dort haben Tante Elfi und Onkel Alf
schon das Abendessen
für die Ponyhof-Gäste hergerichtet.

„Ihr müsst auf der Bank
ein wenig zusammenrücken",
sagt Tante Elfi zu den Kindern.

„Ist das bio?", fragt die Neue
und zeigt mit spitzem Finger
auf die Salat-Schüssel.
„Auf dem Ponyhof ist alles bio!",
sagt Tante Elfi.

„Gesunde Ernährung ist wichtig.
Auch bei den Pferden",
sagt Alice und nimmt vom Salat.

„Da hast du recht",
stimmt Tante Elfi ihr zu.

„Man kann es auch übertreiben",
mischt sich Onkel Alf ein.
„Ein Freund von mir hat mal
seine Pferde zu gut gefüttert.
Da wurden sie krank."

„So wie Menschen,
wenn sie zu viel essen",
sagt Paula und grinst.
„Trotzdem freue ich mich
auf den Nachtisch."

„Rote Grütze mit Sahne",
verrät Tante Elfi.
„Für mich bitte ohne Sahne",
seufzt Onkel Alf.

„Für mich auch!", sagt Alice.
„Ich muss auf meine Figur achten."

3. Gut gefüttert

Am nächsten Morgen
beim Frühstück verkündet Jan:
„In zwei Wochen gibt es
ein Ponyturnier in Waldmühlen.
Wer will mitreiten?"

„Ich!", ruft Paula begeistert.
„Wir!", sagen die Zwillinge
Enna und Emil.
Sie sind erst sieben Jahre alt
und zum ersten Mal
auf dem Ponyhof.

„Ihr seid diesmal leider
noch zu jung", antwortet Jan.
„Aber im nächsten Jahr
könnt ihr auch mitmachen."

Die beiden sind enttäuscht.
Aber Paula, Sine und Alice
haben genau das richtige Alter.
Und für ihre Ponys
ist das Turnier ein toller Test!

Bevor Alice ins Bett geht,
schleicht sie noch einmal
heimlich in den Stall.
Nero schläft schon im Stroh.

Sie öffnet eine Keksdose.
Darin ist Kraftfutter.
Sie weckt Nero sanft
und füttert ihn damit.

Beim Turnier soll ihr Nero
der Stärkste und Beste sein!

Die Tage auf dem Ponyhof
vergehen schnell.
Paulas Pony Sternschnuppe
und Sines Pony Snoopy
grasen friedlich neben Nero
auf der Koppel.

Onkel Alf füllt die Tränke
mit einem Eimer Wasser.
Tante Elfi bringt einen Korb
mit Möhren und Fall-Obst.

Die Ponys kennen den Futter-Korb.
Sie stürmen herbei und freuen sich
über die Leckerbissen.

„Alles bio", sagt Tante Elfi und lacht.

„Die Ponys verstehen sich besser
als ihre Reiterinnen",
brummt Onkel Alf.

4. Das Probe-Training

Eines Morgens sagt Tante Elfi zu Paula und Sine: „Ich hab eine Überraschung für euch." Sie lacht vergnügt.

„Jan hat mit Onkel Alf
den Turnierplatz von Waldmühlen
auf unserer Waldwiese nachgebaut.
Dort könnt ihr jetzt trainieren
wie die Weltmeister!"

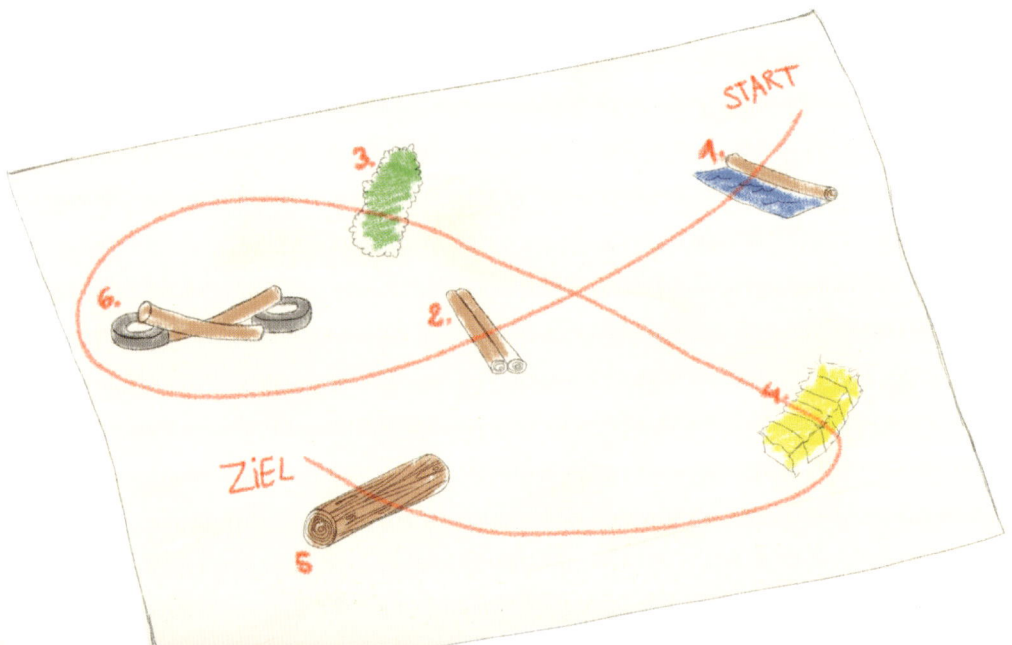

„Super!", ruft Paula.
„Reiten wir gleich hin?"
„Na klar", sagt Sine.
„Worauf warten wir noch?"
„Auf Alice vielleicht?", fragt Paula.

„Die ist schon dort", sagt Tante Elfi.
„Zusammen mit Jan."
Die beiden Mädchen sehen sich an.

„Hätten wir uns ja denken können",
murmelt Sine mit düsterem Blick.
„Die will unbedingt gewinnen!"
„Die denkt nur an sich", sagt Paula und
zieht die Nase kraus.

Bis zur Waldwiese ist es nicht weit.
Als Paula und Sine ankommen,
setzt Nero mit seiner Reiterin
gerade zu einem eleganten Sprung
über drei Baumstämme an.

„Gut gemacht!", lobt Jan.

Sines Miene verfinstert sich.
„Sie hat schon wieder
eine nagelneue weiße Reithose", knurrt
sie. „Angeberin!"

„Ärgere dich nicht", tröstet Paula sie.
„Es kommt auf den Reiter an,
nicht auf die Hose."

Jetzt dürfen Paula und Sine
mit ihren Ponys
die Hindernisse ausprobieren.

„Keine Angst! Ist babyleicht",
ruft Alice übermütig.

„Und jetzt auf Zeit!", sagt Jan
nach einer Weile
und zückt die Stopp-Uhr.
„Ihr reitet abwechselnd
nach dem ABC, nur rückwärts."

„Wir reiten rückwärts?",
fragt Alice verwirrt.
Jan lacht und sagt:
„Nein, ich meine, S-P-A.
Sine, Paula, Alice!"

Paula kichert.
Sie freut sich,
dass Sine anfangen darf.

Sine reitet eine gute Zeit.
Paula auch.

„Das kann ich schneller",
murmelt Alice entschlossen.
Und dann reitet sie los.
Sie ist echt schnell!

Da kommt ein Häschen
aus dem Wald gehoppelt!
Nero scheut und stoppt.
Alice fliegt in hohem Bogen
in den Matsch!

Paula und Sine laufen hin,
um ihr zu helfen.
„Ich brauche euch nicht!",
ruft Alice wütend
und steht allein auf.

Sie packt Nero am Zügel
und stapft davon.
Der Po der weißen Hose
ist so schwarz wie ihr Pony!

5. Das Turnier

Endlich ist der Tag des Turniers da.

Als Sine und Alice mit ihren Ponys
in Waldmühlen ankommen,
ist Alice schon auf dem Platz.
„Mit ihrer neuen knallroten Jacke
ist sie ja nicht zu übersehen",
murmelt Sine.

Alice steht neben ihrer Mama.
Die flicht ihr gerade
die Haare zu einem Zopf.

Neben dem Turnierplatz
werden die Ponys gebürstet
und herausgeputzt.

Die Jury sitzt auf einer Holztribüne
zwischen den Zuschauern.
Paulas Herz klopft.
Sie sieht zur Tribüne hinüber.
Neben Papa und Mama
sitzen Tante Elfi, Onkel Alf und Jan.

Dann geht es an den Start!

Paulas Herz klopft bis zum Hals.
„Klasse! Du schaffst es!", ruft Jan,
als Paula an ihm vorbeireitet.
Er reckt beide Daumen in die Höhe.

„Wetten, dass Paula gewinnt?",
sagt die kleine Enna
zu ihrem Zwillingsbruder.

Alices Mama sitzt direkt hinter ihnen.
Sie macht ein finsteres Gesicht.

Alles läuft super für Paula!
Bis zur dritten Runde …

Da hat Paula Pech.
Sternschnuppe patzt bei
einem Hindernis.
Und Sine ist nicht
ganz so schnell wie Alice.

Alice legt drei
fehlerlose Durchgänge hin.
Klar, dass sie gewonnen hat!

Ihre stolze Mama
macht ein Siegerfoto.

Sine bekommt den 2. Platz.
Paula nimmt ihre Freundin
in den Arm und tröstet sie:
„Zweiter sein ist fast gewinnen!"

Auf einmal hören sie eine Durchsage.
Der Turnierrichter sagt:
„Bitte das Sieger-Pony Nero
noch einmal vorführen!"

Er will die Mess-Bescheinigung
von Nero sehen.
Alices Mama zeigt sie ihm.
Sie ist vom letzten Jahr,
und darauf steht:
Pony Nero, 147,9 cm.

Deutsches Reitpony
Name: Nero von Siebenstein
Geboren: 05.03.2013
Größe: 147,9 cm
Geschlecht: Wallach
Vater: Nimbus von Siebenstein
Mutter: Valerie
Besitzer/in: Alice Maier

Abzeichen

Die Größe ist wichtig,
denn in einem Ponyturnier
darf das Stockmaß 148 Zentimeter
nicht überschreiten!

„Nero kommt mir größer vor",
murmelt der Turnierrichter.

Er lässt sich sein neues
Laser-Messgerät bringen.
Damit kann er die Ponys
auf den Millimeter genau messen.

„148,3 Zentimeter", stellt er fest.
„Das Pony ist zu groß und
leider aus dem Rennen!"

Alices Mama protestiert.

„Vorschrift ist Vorschrift",
antwortet der Mann streng.
„Vielleicht haben Sie
das Pony zu gut gefüttert?"

Dann nimmt er das Mikrofon und verkündet: „Erster Platz: Sine auf Snoopy. Zweiter Platz: Paula auf Sternschnuppe."

Jan gratuliert als Erster.
Dann kommen
Onkel Alf, Tante Elfi
und Paulas und Sines Eltern.

Paula und Sine
belohnen ihre Ponys
mit einem saftigen Apfel.

Sine sieht zu Paula und sagt:
„Jetzt bist du die Zweite.
Zweiter sein ist nicht verlieren.
Zweiter sein ist fast gewinnen!"

Da müssen beide lachen.
Und dann wird gefeiert.

Was für ein tolles Turnier!

Willkommen in der LESESTARTER Rätselwelt

Hast du Lust auf noch mehr Lesespaß?

Dann findest du hier viele tolle Rätsel und spannende Spiele. Auf der nächsten Seite geht es schon los!

Viel Spaß!

Lösungen auf Seite 56–57

Bildsalat

Kannst du die Bilder den richtigen Sätzen zuordnen?

☐ „Trotzdem freue ich mich auf den Nachtisch."

☐ „Und jetzt auf Zeit!", sagt Jan und zückt die Stopp-Uhr.

☐ Der Po der weißen Hose ist so schwarz wie ihr Pony!

☐ „Zweiter sein ist fast gewinnen!"

LESESTARTER

Wortsalat

Hier sind die Wörter durcheinandergeraten. Kannst du sie ordnen?

F _ _ _ _ _ _ _   [u e t F t r]

[n r e T u i r]   T u n i r r e

[o y n P]   P o n y

 **Tante**
— — — — —

Onkel
— — —

— — —

Kennst du meinen Namen? Schreib ihn auf!

Wer bin ich?

 Farbenrätsel

Welche Farbe hat …

1. Jans Jacke? _____

2. Neros Mähne? _____

3. Snoopys Fell? _____

4. Paulas Pulli? _____

In welche Reihenfolge gehören die Bilder?

Puzzle

LESESTARTER

Lese-Rallye

Findest du den Weg durch das Buch?

Starte auf Seite 7.

Wie viele Hufeisen siehst du? Gehe so viele Seiten weiter.

Zähle die Buchstaben von Alices Wohnort und blättere so viele Seiten weiter.

Wie viele Buchstaben hat Alice schon geschrieben? Gehe so viele Seiten weiter.

Wie viele Ponys siehst du? Gehe so viele Seiten weiter.

Zähle die Buchstaben der zweiten Reihe. Gehe so viele Seiten weiter.

Bist du bei uns angekommen?

Fehlerbild

Im unteren Bild sind 5 Fehler. Findest du sie alle?

18

12

32

 26

Auf welchen Seiten findest du diese Ausschnitte?

Spürnase · LESESTARTER

LESESTARTER — Wortkreuze

Findest du das Lösungswort?

K
O
A ⬛ F E L
P
E
L

F
E
T U 🟩 N I 🟧 R
I N
E R
N O

LÖSUNGSWORT:

Lösungen

Alle Rätsel gelöst? Hier findest du die richtigen Antworten.

Seite 52/53 · Wortkreuze
PFERD

Seite 53 · Spürnase
Seite 12, 18, 28 und 32

Seite 52 · Fehlerbild

Seite 50/51 · Lese-Rallye
2 Hufeisen → Seite 9
„Neustadt" = 8 → Seite 17
4 Buchstaben → Seite 21
5 Ponys → Seite 26
10 Zeilen, 3 Knöpfe = 13 → Seite 39

Seite 44/45 · Bildsalat

„Trotzdem freue ich mich
auf den Nachtisch." = Bild 3
„Und jetzt auf Zeit!",
sagt Jan und zückt die Stopp-Uhr. = Bild 4
Der Po der weißen Hose ist
so schwarz wie ihr Pony! = Bild 2
„Zweiter sein ist fast gewinnen!" = Bild 1

Seite 46 · Wortsalat

Futter
Pony
Turnier

Seite 47 · Wer bin ich?

Tante Elfi
Onkel Alf
Jan

Seite 48 · Farbenrätsel

Jans Jacke ist rot.
Neros Mähne ist schwarz.
Snoopys Fell ist weiß.
Paulas Pulli ist gelb.

Seite 49 · Puzzle

4, 2, 1, 3

Motivieren zum Lesenlernen!

Peter Wohlleben
Zuhause bei den Waldtieren
ISBN 978-3-7512-0216-9

Paul Maar
**Das Sams und
die Wunschmaschine**
ISBN 978-3-7512-0293-0

Erhard Dietl
Olchis Allein auf dem Müllberg
ISBN 978-3-7512-0218-3

Kirsten Boie
Abenteuer im Möwenweg
ISBN 978-3-7512-0217-6

Weitere Informationen unter www.oetinger.de

Lesen & Stickern für Leseanfänger!

Astrid Lindgren
Pippi geht einkaufen
ISBN 978-3-7512-0102-5

Anna Böhm
Emmi & Einschwein. Einschweins erster Schultag
ISBN 978-3-7512-0044-8

Peter Wohlleben
Entdecke die Tiere im Wald
ISBN 978-3-7512-0103-2

Erhard Dietl
Die Olchis allein zu Haus
ISBN 978-3-7512-0045-5

Weitere Informationen unter www.oetinger.de

Überarbeitete Neuausgabe

1. Auflage
© 2018, 2022 Verlag Friedrich Oetinger GmbH,
Max-Brauer-Allee 34, 22765 Hamburg
Alle Rechte vorbehalten
© Text: Ursel Scheffler 2018
© Titelbild und farbige Illustrationen: Julia Gerigk 2018
Einband- und Reihengestaltung von Andrea Pieper
Begleitmaterial von Alexandra Hanneforth
Druck und Bindung: Livonia Print SIA,
Jurkalnes iela 15/25, LV-1046, Riga, Lettland
Printed 2022
ISBN 978-3-7512-0309-8

www.oetinger.de